1991

Verso l'alba

Quanti ostelli
Hanno accolto il mio cuore
Pellegrino
Sul sentiero della vita,
allorché la notte
giungeva a stringere
nel suo freddo abbraccio
le solitarie creature
immobili sulla via.
D'improvviso ora
Quanti sguardi
Si specchiano da lungi
Nel pozzo dei ricordi,
guizzano rapidi
tra le pieghe della memoria,
lievi onde
che si frangono sulla riva del cuore
come una carezza
scuotendolo,
facendolo vibrare
nelle sue fibre
più intime
fino a sommergerlo
e ad annegarlo nel pianto.
Quanto lontani ora
Quel viale
Quella spiaggia
Quel cortile
Che la nostra felicità
Ha reso immortali
Eterni nel tempo.
Come fantasmi
Persi tra le nebbie
Eteree figure evanescenti
Evocano un mondo arcano:

il passato
mesto rifugio di pensieri
travolti
dalla folle fuga degli attimi.
Così a poco a poco
Lenti
Esitando
Come dolenti
Si dissolvono
Anche gli ultimi
Estenuati vapori notturni.
Anche l'ultima stella
È spenta.
Già l'alba
Destando l'orizzonte
Col suo sguardo
Smarrito e fluttuante,
si leva pallida
dalla bruna cenere
che si disperde ora
tra i lumi incerti
del nuovo giorno.
Piano si desta la coscienza
Turbata
Dal silenzio del risveglio
Che d'improvviso
Ha lacerato gli echi
Ormai lontani
Della dolce ninnananna
Mormorata dal sogno.
Frastornata
Riprendo il cammino
Stretto il cuore
Tra le confuse
Ombre mattutine
Insultato dal vento
Che lo spinge via lontano
Con il suo bagaglio

Di alcuni pochi affetti
E l'effigie di un volto caro.
Preziosi cimeli
Di un raro tesoro
Strappato al tempo.
Per sempre.

Canzone metropolitana

Grevi
Crollano
Sui miei timpani
Stanotte
Le note di una canzone
Metropolitana.
Tristi,
come i gemiti
abbandonati
su un freddo guanciale
da un bimbo senza nome
solo
tra mille fantasmi notturni.
Malinconiche,
come la voce tremolante
della rossa ebbrezza
che uccide
e che consola
e smarrisce
nella nebbia sottile
del delirio
le tracce del cammino
senza meta
dei cuori sbandati
e vagabondi
sul sentiero della disperazione.
Languide,
come le grazie ambigue
dei "figli illegittimi
della natura"
innocenti "peccatori"
condannati all'inferno
da una morale ottusa
e visionaria.
Sommesse,

come le tante parole
mai udite
sempre divorate
dall'urlo pugnace.
Poi all'improvviso
Acute
Intense
Veementi,
come il grido di rabbia
che subito
mi esplode nel cuore.

Tempesta

Balenanti fruste
Le folgori
Squarciano
Le ombre silenziose
Della notte.
Lame d'acciaio lucente
Gli sguardi torvi
Dei lampi
Trafiggono
Gli occhi inermi
Del buio,
cavi
profondi.
Al feroce ruggito
Del tuono
Che impreca fiero
Tra le nebbie
Ambigue,
tremando d'orrore
il cielo
pallido
prorompe in pianto
e la pioggia intona
il suo lamento
cantilenante
destinato
a dissolversi
vano
in stagnanti pozzanghere
di malinconia.
Folle d'ira
Il vento
Schiaffeggia
Crudele
Il volto sorridente

Dei campi di grano.
Percuote
Le verdi chiome
Degli alberi
Che urlano
Ribelli.
Spezza
Infuriando
I teneri steli
Dei fiori.
Così nella tempesta
La natura
Violenta se stessa,
si teme
si distrugge,
suicida
ed omicida.
Così contemplando
La tempesta,
l'uomo apprende
la sua storia.

Bagliori d'oro

Bagliori d'oro
Guizzano
Tra le ciocche ribelli
Che giocano col vento
Lambendo le guance
Con docili carezze
Come ondeggianti
Le fronde di un salice
I petali di una rosa.
Questo fiore
Un vento fatale
Ha gettato
Nella fosca, profonda
Ombra dell'anima
Ove giace immacolato
Sospirando dolci
E vani effluvi
In attesa di appassire.

Fiori

Spieghiamo
I petali che chiudono
I nostri cuori
In timidi boccioli.
Fiori.
Un'unica,
immensa ghirlanda
a cingere il mondo
austero,
triste.

La bella stagione

Eccola che avanza
Condotta dalle rondini,
la dama dall'abito variopinto.
La chiamano la Bella Stagione.
Madre premurosa,
lei asciuga le lacrime
dal volto del cielo
frutto del dispetto
del terribile inverno,
alitando una tiepida brezza
e restituendogli
il sorriso del sole.
Si è seduta sul prato
E ha sparso intorno
La sua veste fiorita.
Ha apparecchiato
La verde tovaglia
E ha invitato alla sua ricca mensa
Tutta la natura,
ma il banchetto si consuma
in fretta.
E' già tempo di sparecchiare.
La dolce signora
Riprende il viaggio,
lasciando dietro sé
avanzi di ricordi,
scomparendo misteriosa
dietro un sipario
di nuvole.

Ettore

Ettore,
una favola
imprigionata
nel tempo della guerra.
Da sempre anima bianca
Di fanciullo,
per sempre
liberata dal dolore
che forte sopportavi,
paziente,
pur nella tua fragilità.
Il tuo viso
Delicato
Come una foglia che ondeggia
Cullata dal vento
Nel triste cielo autunnale,
assisteva stupito
alla tragica commedia
dell'esistenza,
danzava allegra
la sua innocenza
sul palcoscenico della vita
tra mille maschere
grigie e senza vita
che giocavano a ragionare.
Era bello sempre
Vederti sorridere.
Eri buono
Sempre
Con tutti.
Ricorderò sempre,
nello splendore
del fiore che hai seminato,
la luce gioiosa
del tuo sorriso.

Ettore:
un fresco bocciolo
mai sbocciato e…
mai appassito.

Uomini, lacrime di mare

Siamo tante onde
Che si rincorrono
Sul mare eterno
Travolgendosi
E trascinandosi stanche
Verso l'ineluttabile
Scura scogliera
Antica come il tempo,
che da sempre,
spietata,
sputa ghignando
i resti della nostra imponenza,
languide lacrime di mare,
sulle nostre esuli
compagne di viaggio.

Cuore percosso

Non piangere,
cuore percosso.
Nascondi il petto ferito
Sotto una ghirlanda di fiori
E la tua commozione
Sotto le palpebre.
Scompaia ogni traccia
Della tua fiacca fuga
Verso il precipizio
Dal sentiero
Che conduce la tua anima
Cieca e solitaria.
Nessuno
Deve vederti triste
l'uomo sceglie la sua dimora
sulle fertili colline in fiore
e fugge le cime ghiacciate.
Nessuno deve confortarti
Mentre muori,
perché la vita vuole
che tu appaia forte.

La casa del silenzio

Nel silenzio dei volti
Immobili e contratti,
solo il borbottio
delle porte che si chiudono,
cinico sibilo
che libera e condanna
il nostro dispettoso
e insano tormento
nei nostri gelidi spazi
di solitudine.

Spirito solare

Sono uno spirito solare
Che vaga nell'ombra
Tra i lamenti
Dei dormienti.
Turberò
Il loro incubo inconscio
Aprendo le tende
Che celano scure
Il paesaggio luminoso
Dell'anima
E il risveglio
Sarà dolce
Come l'amore.

La penna

La penna è la voce
Fluttuante e silenziosa
Dell'anima.
Come il vento
Sparge sul foglio
Pallido e spoglio
Parole segrete
Strappate
Dall'intimo monologo
Dell'inconscio e soffocato
Tuo grido di libertà.

Pellegrino per il cosmo

Come una lapide
Anonima
Dimenticata
Sepolta nell'ortica,
tu vivi nella morte.
Tu frutto malato
Di un'arida pianta
Precipiti nel fango
Tra i ghigni dei rami
Che si percuotono
L'un l'altro
Incitati dal vento
Impetuoso.
Fragile fratello mio
I tuoi occhi
Ebbri di panorami
Incantati,
non sanno sostenere
la sfida di sguardi
come spade acuminate.
Da sempre
Pellegrino per il cosmo
Non sopporti di stagnare
Tra corpi inanimati
Che vorticosamente
Scorrono in un freddo
Angusto lago di cemento.
Tu abiti i remoti fondali
Dell'oceano
Dove gelide correnti
Percuotono
Desolati antri oscuri.
Lì tra ignoti misteri
Ti perdi
E non conosci la danza

Dei delfini,
né t'illumina
il riverbero del cielo
sulle onde trasparenti,
né ti culla il tepore
delle calme acque
in superficie,
ove striminziti molluschi
e grigi pesci inebetiti
guizzano nervosamente
spaventati
come impazziti.
Tu inquieto angelo
Fasciato di nero
Sogni di cogliere
Le luminose orchidee del cielo
Per porle tra la chioma
Di quello splendido
Fantasma
Che appare e scompare
Negli abissi
Della tua segreta angoscia:
Amore.

Mille timori

Sopraffatti da mille timori
Ci chiudiamo in noi stessi,
simili a gattini tremanti
tra le ruote di una macchina.
Questo mondo ci fa paura
Col suo volto subdolo
Nascosto dalla maschera
Di santità.
Atterriti
Dalla minaccia della sfida,
non osiamo incrociare
quello sguardo
gravido di insidie.
Ci arrendiamo allora
Alla nostra debolezza
E lasciamo che la solitudine
Ci inghiotta
E ci precipiti
Nelle sue viscere
Remote
Cave come la notte nera,
mentre nella nostra mente
avvinghiata
nella morsa della follia,
che la nostra intelligenza
sente ancor più dolorosa,
incombente
un silenzio di morte
rimbomba cupo
e ci rende sordi
al richiamo della nostra identità
smarrita.

Controsenso

Ti chiamano incapace
Perché non sai recitare.
Ti chiamano cieco
Perché non sai spegnere
La luce nei tuoi occhi.
Ti chiamano perdente
Perché non vuoi perderti.
Ti chiamano debole
Perché forte nei tuoi ideali,
non scendi a compromessi con la vita.
Ti chiamano empio
Perché credi nel Dio della vita.
Ti chiamano immaturo
Perché sei divenuto consapevole
Di te stesso.
Ti chiamano inutile
Perché non ti seduce la vanità.
Ti chiamano egoista
Perché hai bisogno d'amore.
Non ti cercano
Perché non sai disprezzarli
E tu muori
Perché non hai voluto morire.

Bambini

Piccoli cuccioli di natura.
Bambini.
Galleggiano
In un oceano
Di lacrime
Cullati
Dalla propria inconsapevolezza.
Ma al tramonto
Che strugge la luce del sole
Nell'ombra malinconica
Della sera,
la corrente li porterà
in alto mare
tra fredde acque
di porpora viva,
naufraghi
tra flutti schiumosi
nella tempesta
furiosa
implacabile,
soli.

L'epoca buia

Storie di delitti
Si stampano sulle strade,
esauste pagine di storia
di vita di ogni giorno.
L'inconscio dei bimbi
Innocenti
Si perde tra i precetti
Della scuola della vita
Che uccidono le favole
In incubi purpurei.
Schermi colorati
Ipnotizzano le loro menti,
deformi sacerdoti della morte,
celebrano quotidiani rituali
di sangue: danze folli
di invasati carnefici
che offrono sacrifici
alla dea primitiva
Violenza.
Cortei di bare
Angeli agonizzanti
Ali spezzate
Esilio di sogni.
Il Terrore scorre
Gelido
Tra le luci dei lampioni
A prima sera.
Un dolore ignoto alle parole
Scava fosse profonde
Nelle anime
Ove precipitano vite.
Grida stridenti
Graffiano i cuori
Che vomitano rabbia.
Giovani suicidi.

E le chiese diventano
Lazzaretti di anime.

Floridiana

Pigro crepitio di ghiande
Stormire di foglie pigolanti.
Vibra l'aria
Come arco di violino
Al suono del verde coro
Mentre placido il sole
Si stende sul piumoso
Letto di foglie paglierine
Carezzandomi
Con gentile tepore
Le gambe rosee adagiate
Su quel soffice giaciglio.
Nessun rumore d'uomo
A stonare il divino canto
Delle vergini creature
Immacolate
Qui nell'antico santuario
Meta di pellegrine anime
Inquiete e solitarie.

Ribelli

Taciturni
I volti contratti
In una smorfia insolente,
i ragazzi dai lunghi capelli
vagano ciondolanti
tra colletti inamidati
e creste impomatate.
Sono i ribelli,
i figli della strada.
Zingari senza meta
Cresciuti tra le macerie
Di amori falliti
Abbandonati
Nell'indifferenza.
Li vedi camminare
Sul ciglio della strada
Affollata
Col cuore lacerato
Da sporadiche occhiate
Lanciate come coltelli
Avvelenati da un impietoso
Cinico disprezzo.
Li vedi smarriti
E disperati
Imboccare anzitempo
Il sentiero per la morte
Soffocando il rumore
Grave
Dei propri passi
Tra le note squillanti
Di una melodia rock.

Il diverso

Una stanza
Ti accoglie
Fredda
Silenziosa,
mentre fuori la notte
è in festa
e risuona tra le luci.
Qui, solo,
impazzisci ogni giorno
e quei ciechi sguardi
che incontri nel sole
non vedono le cicatrici
del tuo lungo strazio.
Nessuno ha sorrisi per te.
Se inciampi
Nessuno ti aiuta a rialzarti;
sei solo un'immagine effimera,
transitoria sulla strada,
un fantasma,
una luce fioca
non abbastanza intensa
da ferire gli occhi miopi
degli insetti
e da attirarli a sé.
Il calore ignoto
Che invade il tuo cuore
Non scalda le tue mani
Fredde
Come uova mai covate.
Troppo sensibile
Il tuo animo fanciullo
Trema di pianto
Ad ogni sibilo del vento.
Troppo delicate e sommesse
Le tue parole

Non giungono ai timpani
Induriti
E assordati dal frastuono.
Da ogni parte
Gettano fango sul candore
Dei tuoi sentimenti.
Forestiero esule
In quest'arena di cemento,
sospiri la tua terra
lontana,
la terra dei sogni.
Non ti seduce il mito
Dell'io onnipotente.
Ti è sconosciuta la malizia
Sovrana menzognera
Del nostro tempo.
Spirito libero
Non sopporti la prepotenza
Dei forti
Che calpestano le mani
Esanimi
Di chi è crollato sull'asfalto
Sfinito
Da una furiosa corsa
Senza traguardo.
Tu all'improvviso
Cacciato dalla tua patria
Ancora sbigottito
Erri smarrito
Per la città perduta
In cerca del tempio
Di Amore,
l'unico dio che risuscita
la vita dalla morte,
ma nessuno sa indicarti la via,
nessuno vuole unirsi
al tuo cammino.
Invasati

Dal demone denaro,
ti insultano
ti isolano
travolgendoti
con la loro danza
frenetica.
E tu impotente
Vedi la setta dei maligni
Espandersi
E iniziare fanciulli e fanciulle
Al rito macabro.
Giungerai mai alla meta?
Potrai mai finalmente
Riposare le tue deboli membra
Spossate dal lungo viaggio?
Troverai mai conforto
Alla tua disperata
Solitudine?
Dove porta la tua strada?
Quali orizzonti si apriranno
Ai tuoi occhi quando giungerai
Sulla vetta del monte?
Cosa rimarrà della tua inutile
giovinezza?

Ebbrezza

Lo spirito
È il dolce sospiro
Della brezza
Che carezza
La chioma del mare
Imperlata dal sorriso
Del sole,
che scuote le code
delle comete
e mormora al cuore
delle stelle.
E' l'impalpabile sussurro
Dell'universo
Che inebria i sensi.
Lasciati cullare
Dalla brezza.
Dimentica le catene
Che piagano il tuo corpo
E i muri che minacciosi
Cingono il tuo sguardo.
Tu sei libero.

L'amore

L'amore
È l'universo
Che ti entra nel cuore
A colmarlo
In ogni sua parte
Fino a farlo esplodere
Senza il tuo consenso.

Gli elfi della città

Risolini scricchiolanti
Grandinano
Sugli stracci colorati
Degli elfi di città.
Ma il loro passo è lieve
Come il volo dei gabbiani
Che puntano verso il sole
Fluttuando liberi
Tra le grigie livree
Delle nuvole grevi
Immobili.
Ma il vento disperde
Il loro canto spensierato
Nel silenzio del vuoto
Senza fine.

Occhi di cristallo

Stranieri sorrisi
Usurpano il mio volto.
Grida disperata
Il suo bisogno d'amore
L'anima esule
Nelle segrete e umide
Prigioni di cristallo
Smarrite
Tra le ciarle di una sera.

Infinita finitezza

Niente da fare quaggiù
Oltre che contemplare
La farfalla variopinta
Impigliata
Nella tela intricata
Del ragno nero
Vorace.

Amburgo

Sul cupo grigiore di un prato d'asfalto
Si abbandonano i corpi sfiniti,
ma ognuno va oltre, non nota il risalto
del triste paesaggio di fiori appassiti.

Guardo nell'angolo un giovane steso
Sparse le membra in pose sciatte,
avvolto nel nero da cui solo il viso
come pallida luna nel buio della notte,

rivela la luce non ancora smorzata
della sua pelle liscia come morbido velluto
barlume di speranza in una vita condannata
che misericordia gli venga in aiuto.

Ti ho visto smarrire in viso a un passante
Gli occhi velati da un lucido sonno,
a un marco stendevi la mano implorante
ma invano e annegasti nel pianto il tuo affanno.

Amburgo vi alleva, o anime afflitte,
città dove il vizio corrompe l'amore,
campo dannato di vite sconfitte,
sepolte nel silenzio d'angoscia e d'orrore.

Adolescenza

Giovane giostra di umori,
quante creature su te
danzano intorno
come sospese
nella gola di un vortice?
Di legno il cavallo
Trotta legato
A un asse sul suolo
E fisso nel vuoto
Lo sguardo sognante
Di un cervo impettito.
Più in alto si libra
Un'aquila ardita,
un'ala impigliata
in un gancio di ferro,
dall'ombra si sporge
timido e triste
il tenero capo
del mite agnello
dai languidi ricci,
dal soffice e vaporoso vello.
Di notte pascoli,
o incustodita fauna,
di giorno ti osservo danzare
nella follia delle ore.

Occhi di vetro

Occhi azzurri come il cielo
Trasparenti come il vetro,
custodi di lacrime
nascoste
come perle sul fondo degli oceani,
siete il mio gioiello
più prezioso,
antico come la mia vita.
Ora dov'è quella luce
Vivida di vita
Che carezzava
Le mie ciocche bionde
Ancora lunghe?
Perché in voi il sole
Si spegne in profonda notte
Come nei burroni senza fondo?
Quella luce è sfumata nell'ombra.
Come il cielo con la nebbia,
vi sposate col grigio
degli ormai radi capelli.
O occhi paterni,
persi nel nulla,
voi narrate al mio cuore giovane
un tempo di muto dolore.
Voi unica voce
Di un animo che,
travolto dal disincanto di una saggezza
amara,
come vecchio eremita
pascola tutto il giorno
i propri tormenti
nella buia valle solitaria
e sconosciuta.

Aurora di speranza

Nel silenzio dell'alba velata
Da un lenzuolo d'ombra sottile
Sto alla finestra affacciata
E vivo il panorama di un palazzo e un cortile.

Mai prima d'ora quel freddo cemento
Aveva ispirato la mia fantasia
E ora il mio spirito viaggia contento
Attraverso le note di una melodia

Che intono cullata
Dalle carezze del vento leggere
E guardo il cielo e la luce smorzata
E vasti orizzonti e lontane frontiere

E sorprendo una dea a ricamar misteriosa
Per me la speranza ed un cuore felice
Son come l'aurora che pallida e ansiosa
Attende una nuova e più fulgida luce.

A un amico

Io,
arrogante come il tuono
timida come l'aurora
cupa come la nebbia
esuberante come il sole
pungente come il vento
vulnerabile come fiocchi
di nuvola
malinconica come il tramonto
fiduciosa come l'arcobaleno
silenziosa come la notte
viva come la luce.
E tu
Il cielo
Padre che ascolta assorto
Suoni e stridori
Di questa bizzarra primavera
Che investe la mia vita,
fugace come il lampo
tra le nuvole di cenere
nella notte tempestosa.

Vivi

Povero ragazzo solo e deluso
Ora la vita ti sferza il cuore,
vorresti gioire, parlare d'amore
e invece invecchi sentendoti escluso.

Or non ti spegnere nella sfiducia,
prova a schernire le tue debolezze,
sentiti forte d'amore e d'audacia
se vuoi puoi scoprire ignote bellezze.

In ogni momento accogli la sfida,
gioca a strappare dal prato l'ortica,
la speranza che un giorno… sia la tua guida,
sii poco cicala e molto formica.

Solo sul ramo

Solo
Sul ramo
Un uccellino
Volge
Pigolando tremolante
Lo sguardo alla luna
Timoroso
Di imparare a volare.

Solitudine

Un vuoto soffocante
E malinconico
Che ingombra la mente
E sopporta la vita.

Stranieri

Soli stanno
Sul ciglio della strada
Gli stranieri
Venuti dal deserto.
Milioni di automobili
Corrono veloci.
Nessuno si ferma
A dar loro un passaggio.

Le ali dell'amicizia

Solo chiama il mio nome
Ovunque tu sia
Quando il sole
Tramonterà
Nel tuo cuore,
quando all'improvviso
la grandine
spoglierà il pesco
dei suoi fiori rosa,
io dipingerò per te
una nuova primavera.
Come i campi la pioggia
E la valle i fiumi,
così io accoglierò
le tue lacrime
se vorrai piangere
e quando la notte
spegnerà le voci
nel silenzio profondo,
io sarò lì a parlarti
finché il sole
non sorgerà di nuovo
a risvegliare intorno a te
la melodia della vita.
Solo chiamami
Ovunque tu sia
E io mi farò gabbiano
Esplorerò volando
Confini ed orizzonti,
deserti, mari e monti
e tutto il mondo tuo
fino a trovarti lì
nascosto tra i ghiacciai
e insieme voleremo
sulle ali dell'amicizia
oltre le nubi di piombo.

Dove porta questa strada?

Sto andando
Verso il prato
Per poterci correre
A perdifiato
Fino a scoppiare
Prima di raggiungere
L'orizzonte,
o forse verso il fiume
per lasciarmi travolgere
e stordire dalla corrente
fino ad annullarmi con un grande salto?

Timidezza

Quando sei timido,
sei come la luna
durante il giorno:
nascosta,
furtiva,
imperscrutabile,
pallida.
Eppure, dietro le nuvole
Che giocano a rincorrersi,
sei tu, o luna
che osservi silenziosa
le rondini
e i fiori della primavera.
Ascolti il sussurrare
Delle fronde
E il fragore della tempesta,
lontana,
nessuno può scorgere
il tuo candido manto,
la tua luce preziosa,
perché abbagliato dal sole,
imperatore del cielo
e così diverso da te,
o dolce luna,
egli non teme lo sguardo
del mondo,
lo penetra della sua luce,
fiera,
sicura,
piena di vita,
cosicché anch'esso vive
e risplende,
grato,
del riflesso di quel dono.
Tu luna

Piano,
quando il sole si assopisce
tramontando,
sola,
nel buio della notte,
nera e profonda,
ti rivedi, ti riconosci,
mostri finalmente
il tuo splendore intenso
e contempli malinconica
i tuoi raggi vagare
nell'ombra
solitari
come pensieri malati
di nostalgia.

Il sole

Non temere i fulmini
Che spilli di fuoco
Ti scagliano nel cuore.
Lì c'è un sole
Che danza ad ogni palpito
E splende sempre
Al di sopra delle basse nubi.

L'amore è...

L'amore non è illusione
Non enfasi di parole
Non strumento di egoismo.
L'amore è naturale
Linguaggio universale
Di cui siamo i suoni
Di per sé deboli
E senza senso
Che combinandosi
Liberamente
Creano una sola
Potente armonia
In cui si esprime
Il messaggio della vita.

La piccola ape

M'inquieta il tuo ronzio
Insistente
Piccola ape
E minacciosa
è la tua presenza,
così con ogni mezzo
cerco di scacciarti,
ma poi nella ritrovata pace
prendo a contemplarti
ammirata
mentre zelante
e coscienziosa
tu con dura
ed inesausta cura
costruisci
secondo un rigoroso
e matematico calcolo,
il tuo alveare
nei segreti ripostigli
di un tronco solitario.
Qui conservi gelosa
Il frutto del tuo quotidiano
Affanno
Cui attingi con scrupolo
E parsimonia.
Così tu
Malinconica
E inquieta operaia,
chiusa tra le pareti
di quella mirabile architettura
trascorri il tempo
a far la sentinella
e quando al calar del sole
il tuo dovere si compie
è ormai troppo buio

per contemplare
il sorriso semplice
delle umili margherite.
E' troppo tardi
Per udire il canto gioioso
Della verde fanciulla
Che invita gentile
Ogni creatura a ballare.
E intanto il mio sguardo
Si accora
Tra stizza e compassione
Tra turbolenta insofferenza
E affettuosa gratitudine
Per il dono di quel prezioso bene.

Paradosso

Perché,
perché devo vegliare
sull'universo
che dorme
delirando
su questo fragile
drappo di natura
splendido e striminzito?

Cos'è?

Cos'è che mi obbliga
A issare la vela
Del mio fragile legno
E ad abbandonare le dolci
E calme acque
Di ogni porto sicuro
Per spingermi ogni volta
In mare aperto
Tra flutti e correnti?
E' forse il richiamo del gabbiano
Solitario esploratore del cielo,
o forse imprevedibile
il freddo e pungente
vento della notte,
o forse non lo so.

La paura

Coscienza della propria solitudine,
percezione indefinita
del vuoto che risucchia
e confonde i sentimenti
e il pensiero.
Ponte malsicuro e traballante
Che collega il presente e il futuro,
noi e il mondo, noi e il tempo.
Consapevolezza della propria volontà
Inconsistente.
La paura è smarrimento.

Ansia di essere

Se tutti i miei pensieri
Potessero esplodere,
il cielo si tingerebbe
di un brillante fuoco
lavico
e la brezza
spirando ineffabile
dal mare del cuore,
con una sola vigorosa
carezza,
spolvererebbe il firmamento
dalle nubi imbronciate
ed ipocrite
che corrompono il cielo
infinito
amorfo.

Libertà

Silenzio, nervi,
disperazione.
Odio, rimorso,
odio.
Urla ribelli
Figlie di un conato
Di speranza
Emesso dalla vita
Prigioniera
Delle sue stesse radici
Marcite.
La donna folle mi perseguita
Vecchia
Fredda
Ossessa.
Rompi l'incantesimo.
Trovami un soffice asilo,
per favore.
Puoi indicarmi la strada
Per il nido della colomba
Della pace?
Presto,
ho un messaggio da affidarle
per il suo prossimo viaggio.
E' tempo di vivere,
di essere libera.

Fuga

Parti in fretta.
Non voltarti,
la morte inganna il pesce
offrendogli un boccone sicuro.
L'avvoltoio sulla soglia,
vestito di saggezza,
lancia il suo richiamo.
Devi fuggire,
dimenticare;
abbandona il fardello
dei ricordi
e il tuo passo sarà più leggero,
sia il coraggio
il tuo unico bagaglio.
Non indugiare più.
Costruisci il tuo castello
Grande
Fino a poter ospitare
Persino Dio,
quel dio che la vergogna
di una prigione
misera e tetra
aveva tenuto alla porta.

Inerzia

Calde giornate di maggio
Schioppettanti
Di palpitanti cinguettii,
festeggiano il carnevale
della primavera.
La natura gioca gioiosa
Coi cuori fanciulli
Nei prati, nelle strade,
così generosa,
così luminosa.
Né il cielo si rattrista
Incurante e impassibile
Nel suo sorriso azzurro,
al colloquio con i volti
disillusi e sconfitti,
paralizzati dal gelo
del perenne inverno
che impigrisce i loro sguardi
intirizziti
nella tana della solitudine.

Andrea

Tenero germoglio
Di un fiore
Ancora ignoto,
nascesti nell'autunno
di un amore.
Era ottobre,
ricordo il primo grido,
il tuo volto smarrito,
così nello sgomento
celebrasti il tuo natale.
In te,
fresca primizia
di una primavera
ancora lontana,
contemplo i colori
che la natura,
generosa,
ha dipinto sul tuo volto:
l'azzurro dei tuoi occhi,
la tua boccuccia rosa,
le gote imporporate.
Splende sul tuo visetto
L'immagine vivace
Di una bellezza
Innocente e spontanea.
Ora una stellina
Brilla
Nel buio della notte:
Andrea.

Padre dei cieli

Padre dei cieli
Che ti nascondi
Tra le icone nelle chiese,
sei tu il dio dei teologi?
Sento in me spirare
Venti caldi
Dai remoti confini
Dell'anima,
ma i sensi timorosi
son pigri a lasciare
l'isola livida
per spiegare larghe
le vele.
Quanto ancora attenderemo
Per metterci in viaggio,
piangendo sul languire
dei nostri sentimenti
naufraghi?

L'uomo

L'uomo è un pastore
Che tiene a bada
I propri sentimenti,
mansuete pecorelle,
con un bastone logoro
e misero
a cui si aggrappa
esausto
per il sentiero
nella notte senza luna.

Il falò della saggezza

Uomo,
bruci la tua mente
con le tue preoccupazioni.
Fumo,
i tuoi pensieri
ti accecano ogni giorno
e getti abbrutito
la densa cenere
sulla tua fantasia
e sulle occasioni di gioia.

Io conchiglia senza guscio

Quando l'effigie
Che di te avevi scolpito
Con lunga cura
Nell'informe argilla
Della tua vita,
in un attimo,
per una forza terribile
e occulta,
viene sgretolata
in mille frammenti,
allora divieni
tanti per gli altri
e nessuno per te,
mentre la tua essenza
rimane sospesa a mezz'aria,
spogliata
di quell'unica corazza.

Prima pagina

Prima pagina:
"il tempio dell'esistenza
Giace devastato e abbandonato,
vecchio rudere,
rifugio di serpenti
latitanti",
legge l'uomo
adagiato
sulla gonfia poltrona
mezzo assopito
nella quiete pomeridiana.

Amore

Albero sempreverde
Non posso raccogliere
I tuoi frutti,
non arrivo a sfiorare
le tue dolci fronde
che si sposano con il vento
mormorando.
Per quanto cerchi di sollevarmi
Verso te,
resto nell'ombra,
i piedi immersi
nell'arida terra scura,
né il sole m'illumina
rapito il suo sguardo
dalla tua folta chioma
e odo debole e lontano
il canto gioioso
dei tanti uccellini
che dimorano lassù
sui tuoi rami generosi,
felici.

Canta la pioggia

Sguardi rapiti
Da estasi assassina
Fluttuano tra le siepi
Nel parco proibito.
Passi cercati
Abbandonati
Sul prato esalati.
Corre un brivido
Per il corpo supino.
Un'altra foglia
Si stacca
Repentina
Dal ramo rigido
E inerte.
Canta la pioggia
La sua nenia
D'autunno,
solitario lamento
di pietà
nell'aria
deserta
silente
fredda.

Idillio

Dietro la lieve tendina
Ombrosa
Che vela l'aria
Al crepuscolo
Si cela timido e pallido
Il sole,
ornando l'inquieta
chioma turchina
del mare
con un nastro luccicante
di perline luminose.

Nostalgia

Ricordo i giorni
Che i miei sogni
Sul muro
Dipingevo rapita
Coi colori della fantasia.
Solo ricordi ora.
Ormai pigro il dubbio
Ha sciolto quei colori,
li ha sciolti nel pianto.

Note di emozioni

Sbocciano gli occhi
Quando la musica
Feconda il cuore e,
trasparente rugiada,
scivolano piano
come dolci carezze,
gocce di lacrime,
ove Dio si specchia
ineffabile, immenso.

A Socrate

O antico maestro di saggezza
Che cammini assorto
Sul sentiero dell'anima,
puoi udire la mia voce
che ti chiama
persa tra le nebbie
del deserto?
Ti prego
Insegnami a camminare.
Sono stanca di essere
Portata in braccio.
Lascia che passeggi con te
Finché i miei occhi
Non avranno varcato
Le soglie della notte
Per contemplare nella luce
Del giorno nascente
I torrenti tumultuosi
Quietare il loro affanno
Nelle dolci
Calme
Acque del mare.

Il profeta del progresso

Tu profeta del progresso
Che attendi l'avvento
Della terra promessa
Ad occidente,
gonfio il petto
di fiera sicurezza,
hai mai osservato
il volo del gabbiano
assorto pellegrino del cielo
e il salto del delfino
che sbreccia le acque
perdendosi tra arcani gioielli?
Tu mi ricordi il topo
Feroce predatore
Di immondizie notturne
Che pavido fugge
La luce del sole
Rifugiato dietro grate
Di ferro
Nella fetida
Nauseabonda fogna.

Se potessi

Se potessi raccogliere
Tutte le lacrime di dolore
E mutarle in pioggia,
potrei sommergere
i deserti più immensi.
Se potessi mettere insieme
Tutte le grida disperate
E mutarle in tuono,
potrei scuotere l'intero universo.
Se potessi catturare
Tutta la violenza dell'odio
E mutarla in vento,
potrei piegare
le querce più antiche,
ma se potessi raccogliere
tutto il calore dell'amore
e mutarlo in sole,
potrei placare ogni tempesta.

Ombre al crepuscolo

Immagini sfumate
Di un'epoca felice,
arcobaleno bizzarro di suoni,
primavera di sorrisi sempre amici,
ondate di estro spumeggianti,
mosaico di orizzonti infiniti,
il mio mondo, una canzone:
tempesta e brezza
di emozioni
che danzano liberamente,
inno alla bellezza
al di là della frontiera,
esso mi cullava nell'incanto
della mia dolce solitudine.
Come a un padre affettuoso
Forte e vero,
mi stringevo a te
sentendomi sicura.
Dolce madre, tu
Mi cantavi la vita
Sorridendo,
vegliando sul mio sonno
placido.
Poi il silenzio.
Nel silenzio di tante voci
Cigolanti,
d'improvviso solo un organo;
sordi suoni
cupi e monotoni
a stordire la mia volontà,
coro malinconico e grave
di sentimenti prigionieri
delle catene del tempo.
Il mio mondo, una litania rituale:
oblio dell'anima,

danza convulsa
di spiriti ribelli,
cerimonia ossequiosa
della dea banalità,
inno alla malattia
e alla debolezza.
Ora i Beatles, quattro ombre
Al crepuscolo.

L'amore

Per la prima volta
La luce del giorno
Illumina i miei occhi
E lascio che il calore del sole
Sciolga il ghiaccio
Che tace il mio cuore,
così un nuovo ritmo
dolce e potente,
scuote il mio corpo
intorpidito,
sollevandolo dal buio;
è una musica ebbra
di melodie soffici
e rarefatte
che smarrisce la mente
nel sogno.
E' una musica viva
E spontanea
Che è dentro di te,
nessuno può imporla
né avvilirla;
è preziosa
come una perla
invisibile e nascosta
sul fondo dell'oceano
ingombrato
da un milione di detriti;
tu coglila e lasciala splendere,
tutti accoglieranno ad ammirarla
incantati
e se la tua perla è vera,
la sua luce rischiarerà
i loro volti.
Lascia che la tua anima
Doni felice

Questo gioiello
Al volto che brillerà
Di splendore più sincero,
più devoto;
allora per la prima volta,
avrai cantato e donato
l'amore.

Fantasia

Lo spirito è un destriero
Senza sella e senza briglie.
Solitario e libero
Percorre le scie delle comete,
mentre candida la luna
brilla nel blu
e il suo crine risplende
come un gioiello,
poi si tuffa nelle onde,
si confonde
con le perle ed i coralli
e ignote meraviglie.
Riemerge
E inquieto galoppa
Per verdi distese
E scivolano dal pelo lustrato
Lacrime di mare
A nutrire l'erbetta
Come la rugiada.
Egli corre veloce,
spazi sgombri,
bellezze incontaminate,
intanto lontano,
chiuso nel castello,
un guerriero dalla corazza
di latta
e dalle armi d'oro,
lo osserva fuggire
e dissolversi
nella malinconia.

Il fiore nel deserto

A lungo attraversai
L'arido deserto
Parlando alla mia ombra
Mia unica compagna,
parlando la mia mente
al cielo silenzioso
impomatato
di un luccichio argenteo
di stelle
ed alla sfinge luna,
paziente confidente
di cuori vagabondi.
D'improvviso,
nella notte del deserto,
a un tratto del cammino,
scorsi un fiore
nella luce del firmamento;
aveva tanti petali
di mille e più colori
vicini gli uni agli altri,
stretti ad uno stelo
forte e vigoroso,
ondeggiando nella brezza
liberi ed ebbri di vita,
intorno il silenzio sconfinato.
E anch'io fui fiore.
Poi venne la tempesta
E seppellì crudele
Il fiore appena sbocciato
E i petali danzanti
Ora giacciono sepolti
Vicini non più uniti
Sparsi intorno allo stelo
Ancora eretto.
E io non sono più fiore.

Il bivio della vita: speranza o disperazione

Ho percorso un sentiero
Dritto e levigato,
baciata dal sole e dalla luna,
protetta dalle fresche fronde
odorose
degli alberi che copiosi
mi sussurravano
frusciando lungo la via,
una quieta e calda sinfonia
che mi colmava il cuore.
Poi quel dolce paesaggio
Incantato
Che da sempre nutriva
I miei sogni,
a poco a poco lasciò spazio
a brulli orizzonti aridi,
la strada si inerpicò aspra
fra cocci aguzzi
che ferivano i piedi.
Poi un bivio,
di qui un sentiero accidentato
perso in un bosco fitto e buio,
di lì un precipizio alto,
cascata di roccia
che irrompeva nel vuoto.
Ho acceso un cero,
mia unica guida
e mi sono avventurata
nel bosco
tenendo in tasca
uno spicchio di sole
rubato dal cielo.

Il dentro e il fuori

Se ti nascondi
Dietro a un sorriso,
gli occhi tradiscono
i tuoi pensieri
e il tuo mondo si chiude in te,
soffocato dall'inquietudine,
mentre vorresti sfondare le mura,
le porte e l'aria
per volare
oltre il cielo dipinto
di nuvole soffici
e morbide,
per conoscere e amare
quel che è invisibile agli occhi:
un mistero pieno di fascino.
Tu senti ineffabile e immenso,
l'occulto infinito di pace
dentro il tuo cuore
gettato
tra mille passioni quotidiane.
Vorresti rinnegare i tuoi istinti
E elevarti a osservare
Distaccato e sereno,
gli sguardi ambigui
e sfuggenti,
le parole recitate
senza senso.

Verità e apparenza

Le ricchezze più preziose
E autentiche
Sono sepolte nelle miniere,
iridescenti occhi
nelle tenebre;
occorre scavare per trovarle.
Non lasciarti abbagliare
Dal falso splendore
Di ciò che brilla
Alla luce del giorno,
poiché quando la notte verrà
ineluttabile e puntuale,
il luccichio svanirà
e spegnerà con sé
l'illusione
della tua felicità.

Sentimento ignoto

Stesa su un prato in fiore
Carezzavo l'erba fresca
Di trasparente rugiada
Sfiorandola con le labbra
Morbide.
Abbandonavo il corpo
Al dolce abbraccio
Della verde terra,
mentre un universo di suoni
di colori,
di odori
mi baciava il cuore
e limpide cascate,
fiumi luccicanti,
valli profonde,
azzurre colline
dipingevano i miei occhi
ormai persi nell'incanto
di una gioia
sospesa nel tempo
e immersi nell'immenso
regno della natura,
io e te
amore ineffabile,
lontano,
ignoto.

Leggendo poesie su uno scoglio

I "Fiori del male"
Ribollono
Sotto ai miei occhi,
mentre apatico e inerte
il mio cuore si culla
tra il mormorio del mare,
ma nessun'onda lo travolge
e esso resta lì
deserta pietra
sul fondo degli abissi.

Malinconia d'estate

Solitaria
Nell'immensa distesa azzurra
È un'aiuola di scogli
Come di marmo macchiato,
sfiorata
con cadenza irregolare
da lievi increspature
che ispirate
dalla fresca brezza,
come delicate carezze,
scivolano
malinconiche
sul volto roccioso
immobile
impassibile
dissolvendosi.

Aspettando primavera

Ti prego, o vento
Che aliti tra i miei capelli,
rendi lieve la mia anima
dalla bruna rena
che la rende deserto arido.
Diffondi nel suo cuore
I germogli della felicità
Perché sboccino fecondi
In una melodia di colori.

I saggi disillusi

Cupe ombre di uomini
Fantasmi grigi
Indistruttibili
Perché inconsistenti,
vagano nella notte della vita,
parlano come profeti,
ti vengono incontro
affamati,
ti sbraneranno l'anima
se glielo permetterai.
Non lasciare che le loro parole
Entrino in te,
non lasciare che una tua ferita
marcisca e infetti
il tuo corpo tutto.

Vivere e sognare

Il vento fischia urlando
Contro il treno che corre
E scorre con esso al cuore parlando
La valle, il torrente e le colline azzurre.

Cantan la pace,
melodia nel silenzio,
felice e loquace è la pace che tace,
sol la verde bellezza di essa è l'annunzio.

Dai freschi colori e dolce è il paesaggio,
verde come i miei anni acerbi,
com'essi compagno di un tratto del viaggio,
perso tra umili erbette e abeti superbi.

O amico straniero di un giorno soltanto
Bello nel bacio del sole
E nelle carezze della neve,
tu ancor vivi e già hai vissuto,
non t'importa ciò che si può o si deve
tutto accogli placido e muto,

scorgi nel mio sguardo affettuoso
il vento del sogno
che soffia impetuoso
sulle ali del cigno
della mia fantasia
e lo invita a volare
gli mostra la via,
perché sola cosa sia
vivere e sognare.

Lo smog scolastico

Stretti da quattro mura
I miei polmoni respirano
Parole astratte e pesanti.
E soffio i miei vani sospiri
Verso il balcone,
supplici ambasciatori
del mio desiderio d'aria.

Viaggio nella musica

Vola anima
Sulla scia
Di una melodia
Romantica.
Corri cuore
Libero e felice,
riempiti di quel suono
dolce d'amore.
O voce sconosciuta e amica
Rapisci come vento
I miei pensieri,
portali in alto,
oltre le fitte nubi,
oltre il cielo grigio
e minaccioso,
più su
dove il mondo
non può raggiungerli.

L'amore

L'amore è una vocazione.
Per quanto tu
Ti faccia pellegrino
Attraverso il deserto,
non saprai mai
quando giungerai al mare,
forse esso è dietro quelle dune,
forse è oltre l'orizzonte,
o forse sarà per sempre
soltanto
un miraggio della tua fantasia.

Marina di pescatori

L'aria era limpida, fresca e pura,
mi sembrò di poter respirare
e mi incantai a osservar la natura:
il cielo, il tramonto, il mare!

Libero in alto un gabbiano volava
Spaziando nell'azzurra immensità
E in ogni parte il suo canto echeggiava
Pien di spensierata felicità.

Era il tramonto e il ciel tinto era
Di sfumature di rosso e arancione,
poi pian piano discese la sera
e in strada s'accese il primo lampione.

Dolcemente il mar mormorava
E con le sue increspature schiumose
La bianca sabbia pian pian carezzava
Nel freddo come nell'ore afose.

Sotto l'uscio d'una palazzina rosa
Una piccola ombra mormorava parole,
era una donna robusta e formosa
che invitava a rincasar la prole.

La spiaggia era piena di barche issate
Pronte a partir per la pesca di notte
E su di esse eran stese e adagiate
Vecchie reti sfruttate e malridotte.

Un'altra serata tranquilla e serena
Veniva a far visita all'umile gente,
famiglie e amici si riunivano a cena
in un'atmosfera calda e sorridente.

Pochi chilometri questa marina
Dista dal freddo mar di cemento
Di un'affollata e turistica cittadina
In provincia di Napoli, a nome Sorrento.

L'estate in Spagna

L'estate in Spagna
Ha mille volti:
quello del mare
impreziosito
dall'inquieta chioma turchina.
Quello della tradizione,
dai lineamenti latini
solcati dal fluire inesorabile
del tempo,
ma sempre coloriti
da un'espressione viva
e spensierata;
quello della libertà
intrattenibile,
gli occhi vivaci e languidi,
inondati
da mille luci colorate
e così ciechi
nell'oscurità della vita.

Un fiore, la vita

Nell'immenso prato verde
Sboccia un fiore
Delicato,
prezioso per la sua bellezza
che dona alla natura
un volto sereno e sorridente.
Ma all'improvviso
Una tempesta furiosa
Lo percuote,
poi lo piega
infine esso sfiorisce
e muore.
Così con un impeto
Ancor maggiore
La vita umana
Dono infinitamente prezioso,
frutto di un amore
sincero,
divenuta vittima
di un odio insensibile
e folle,
è calpestata e avvilita
fino a una condanna
irrevocabile.

Caro amico (a John Lennon)

Caro amico or ti parlo
Ché mi sento tanto sola,
ma per me è difficil farlo
perché ho un groppo alla gola.

E' la rabbia che mi blocca,
no, non trovo le parole,
sta serrata la mia bocca,
mentre il cuore ancor mi duole.

Or più cresco e più è evidente
Che non perde un'occasione
Per fregarti oggi la gente
E a ogni cosa sé antepone.

Per chi è scaltro ed aggressivo
Il successo è assicurato,
ma chi è ingenuo e remissivo
verrà sempre scavalcato.

Chi è ingiusto e prepotente
Gode di stima e rispetto,
chi è buono ed indulgente
a sottomettersi è costretto.

"Sii forte, la vita è dura"
Son le parole che tu hai detto,
ma mi sento così insicura
e ho bisogno di tanto affetto.

Sol me stessa voglio essere
E non quel che voglion gli altri,
ma mi voglio anche difendere
da quelli che si credon scaltri.

Ho bisogno di qualcuno
Che mi faccia sentir forte,
fin or non ho trovato alcuno,
ma ancor spero nella sorte.

Anche tu amico caro
Molto tempo travagliasti,
ma prima dell'ingiusto sparo
la dolce pace ritrovasti.

Anche se ora sei lontano,
quando sono triste e sola
sento la tua grande mano
sulla mia e ciò mi consola.

Ora ti saluto amico
E ti chiedo di guidarmi
In quel che faccio e in quel che dico
Stai vicino, non lasciarmi.

La ballata della III B

La mia è una classe ben assortita
Non ce n'è uno che all'altro somiglia.
Siam diciassette a giocar la partita
Che durerà fino al sole che abbaglia.

Allora a luglio sarem congedati
Dal sacro dovere dell'erudizione.
E' l'alba! Andate, coraggio, soldati!
A vender le divise alla disoccupazione.

Ma nel frattempo parole e pensieri
Vibran nell'aria di un edificio austero,
narrano storie di oggi e di ieri,
orbitano intorno a un mondo straniero.

All'apparenza par gabbia di matti,
c'è chi canta, chi balla, chi abbaia,
chi non si limita a farsi i suoi fatti,
chi mangia la torta della madre massaia.

Chi ascolta ligio e prende gli appunti,
c'è chi si dondola e sogna il cielo,
chi, quando si legge, corregge gli accenti
chi scrive poemi con ironico zelo.

C'è poi chi ostenta stile e carisma
Chi serve la pubblica sicurezza,
or c'è tensione e aria di scisma,
or c'è la caritas, amore e dolcezza.

Certo non siamo tipi scontati,
di scherzi e battute siamo una fiera.
Ricorderò così i tempi andati:
or con gioia, or con aria severa.

Cosa farò da grande?

Un anno ormai e sarà finita,
ma io ancor non ho deciso
cosa fare nella vita
un gran problema a mio avviso.

Da bambina mi ricordo
Le idee m'eran molto chiare:
"sarò chirurgo non demordo!"
A chi mi voleva scoraggiare.

Ma purtroppo in tempi attuali
È svanita la passione
Non più bisturi e ospedali
Ma sol tanta indecisione.

Or mi sento già scontenta
Di questo viver quotidiano
E il desiderio nei giorni aumenta
Di volare via lontano

Dalle squallide strade affollate
Dalle scatole di cemento
Che le une alla altre addossate
L'immenso ciel rendon frammento,

dai soliti discorsi e la solita politica,
dai soliti impegni e le solite facce,
dai soliti svaghi e la solita musica,
dalla solita città e le sue solite cartacce.

Vorrei svolgere un'attività
Che mi possa realizzare,
esprimer la mia creatività
e mi permetta di viaggiare.

So che occorre impegno e ardire
Ché la vita è fatta a scale,
ma la voglia di riuscire
su ogni ostacolo prevale.

Penserai che di sicuro
Il mio dir sia un'illusione
E per garantire il mio futuro
La laurea è l'unica soluzione,

ma hai frainteso ho paura
perché anch'io bene convengo
che il valor della cultura
sia importante e perciò tengo

a portare a compimento
gli studi universitari,
ma sol pel mio compiacimento
e per quello dei miei cari,

poiché ritengo un sacrificio
inchiodarsi su una sedia,
a una scrivania in ufficio,
o a una cattedra a dir "studia!"

Perciò è importante sceglier bene
Ciò che più ci è congeniale,
non quel che più ci conviene,
ma di cui nulla ci cale.

Beatles

Quattro ragazzi venuti dal nulla,
Paul, John, Gorge e Ringo
La città Liverpool fu la lor culla
E ora di loro a parlar mi accingo.

Nessuno mai li riuscì ad uguagliare
Per fama, valore e novità
E si diffuse per terra e per mare
Il mito di queste celebrità.

Fecer la storia degli anni sessanta
E ancor oggi son bene accetti,
ma allor la gloria era sì tanta
che la regina li fè baronetti.

C'era John Lennon musicista geniale
Determinato, ribelle e audace,
spesso impegnato in campo sociale,
quante cose fè per la pace

e Ringo Starr coi suoi grandi anelli
con la sua allegra e ingenua espressione
la batteria suonava e i tamburelli
e ha scritto anche qualche canzone.

C'era Gorge Harrison chitarrista solista
Che il più giovane era di tutti,
oggi continua la sua carriera d'artista
e molto spesso dà buoni frutti

e Paul McCartney leader del complesso
con la sua musica sapeva incantare
e poiché oggi di comporre non ha smesso
sicuramente possiamo affermare

che di quel fenomeno ormai irripetibile
oggi rimane una traccia importante
che è nel successo e talento indicibile
di questo "Vecchio"-giovane cantante.

Pansini

Il Pansin come istituto
Lascia un po' a desiderare
E per questo abbiam dovuto
Molto spesso scioperare.

Ma la nostra situazione
È comune a molte scuole
E ci duol che la questione
Sia risolta con parole.

Per l'avvento dei mondiali
Vengon spesi i nostri soldi,
ma son scarsi i capitali
anche per quei manigoldi

che non sanno governare
e rubando alla nazione,
lor stan nelle ville al mare
e noi nella confusione,

ma noi tutti siam convinti
che se ci facciam sentire,
finiranno i tempi duri
e potrem così gioire.

I miei occhiali scuri

Ho camminato a lungo
E ho incontrato tanti volti,
ma non i loro occhi
che volevano i miei
per buttarli a terra,
poiché i vetri scuri
e austeri
dei miei occhiali
bizzarri
erano impenetrabili,
ma oggi la dura realtà
della mia città
me li ha rubati
repentina,
fulminea
per accecarmi
e ferirmi gli occhi
con la sua cruda
e chiara evidenza.

Ad Alfredo

Ora noi come faremo?
Alfredo se n'è andato!
Ma lo ricorderemo
Per quello che ci ha dato.

Col suo grande valore
E la sua dedizione
Ha innalzato l'onore
Della nostra sezione.

Per i nostri filoni e scioperi
E le manifestazioni
Quanti furono i rimproveri
E quante le discussioni!

Così lui ci insegnava
Che il senso del dovere
Anche se non ci andava
Doveva prevalere.

Venire sempre a scuola
Ascoltar il telegiornale
È la maniera sola
Per divenir gente che vale

E come si adirava
Per quelle nostre assenze
E sempre ci diceva:
"io lo terrò presente!"

Ma oltre a un insegnante
Era anche un grande attore,
quando leggeva Dante,
lui ci metteva il cuore;

gesti, toni ed espressioni
cambiavano pertanto
secondo le occasioni
diverse in ogni canto

e tal era la passione
nel legger la Commedia
che neppur la fin della lezione
lo smuoveva dalla sedia

ed era ormai usanza nostrana
almeno una volta ogni dì
al suo "è suonata la campana?"
dover risponder sempre "sì".

Molto a lungo lui spiegava
Poesie, novelle, autori e canti,
perché molto gli importava
che capissimo tutti quanti.

Or non è addio che ti diciamo,
ma soltanto arrivederci
perché tutti noi speriamo
che potremo rincontrarci.

Vita di parrocchia

Son Simona e son qui adesso
A annunziarvi una novella:
qui tre gruppi di successo
stan per fare comunella.

Uno è serio ed impegnato
Poco parla e molto agisce,
son tanti anni che è formato,
"azione cattolica" si definisce.

L'altro gruppo è un po' suonato,
balla e canta a squarciagola
e tutt'intorno il vicinato
per ore e ore si "consola".

Infine occorre presentare
Una combriccola di amici
Quando li fan molto pregare
Non son mai troppo felici,

ma colui che li conduce
è forte e fermo nell'intento,
"ama e prega" sempre dice
Con ardore e sentimento.

Tocca poi farsi coraggio
Quando oltre ai suoi sermoni
Ci regala anche un suo saggio
Per ulteriori spiegazioni.

Bene ormai il quadro è completo
E il mio compito è finito,
or tra il serio ed il faceto
a parlare io vi invito.

Visione

Dipinto coi colori del tramonto
Tra le nuvole
Al limite del prato
Il tuo volto
Tra vapori
Quali polvere di carbone
Luminoso
Come lontana stella
In luoghi migliori.

In memoria della vergine martire

Nel verde tempio antico
Vergini creature vegetali
Celebravano pie
I riti delle stagioni,
ora danzando
e intonando inni solenni
ora assorte
in devoto raccoglimento.
Tutt'intorno come incenso
Un dolce profumo
D'altri tempi
Inebriava l'aria
Che lì malata ed oppressa
Ritrovava il limpido
E lieve sorriso
Della felice età passata
E lì si intratteneva
A dialogare
Con le fronde dei pioppi.
Io nei pigri pomeriggi
M'indugiavo ad ascoltare
Curiosa
Quelle conversazioni
Ora brevi e pacate
Ora lunghe e concitate,
in cui quelli si scambiavano
ricordi,
ora tra sospiri
tinti di malinconia
ora tra mormoranti risa
luminose e azzurre
e restavo lì
compresa
ad ammirare un mondo perduto
e ad ascoltare storie

d'antica saggezza,
pregna l'anima
di dolci sensazioni
come il bimbo
che si perde incantato
tra i ricordi evocati
dal nonno amato.
Ma l'uomo dal ventre avido
Empio assassino
Un giorno venne
E breve
Insolente
Sordo
Il grido del terribile ordigno
In un lampo
Tacque
Per sempre
Il caro
Familiare
Sussurro dei pioppi.
Pianse il cielo
Sui tronchi esanimi.
Gridò il vento di sdegno,
l'aria si tinse d'orrore.
Una parte di me
Giacerà sepolta
Nel cimitero di cemento
Che lì sorgerà presto.

Sistemi filosofici

Con lunga e paziente cura
Il pensatore
Scolpisce nell'informe
Argilla del suo pensiero
Sfidandone
La virtualità infinita,
l'immagine della verità.
Così la ragione
Imprigiona
Il vento libero
Dell'ispirazione
Nello sguardo fisso
Ed assente
Di un volto di marmo.
Dal pallido livore
Delle armoniche fattezze
Emana il freddo gelido
Della pietra inanimata
E gravida di vuota
Superiorità sprezzante,
la solida figura
si erge minacciosa
e austera
ostentando solennità
e boriosa fierezza.
Gli arti della vita
Si intorpidiscono
Nella rigidità
Di una posa innaturale.
Muore la creatività
Nell'opera compiuta.
Sorda è la pietra
Al coro delle mille voci
Dell'anima,
catturata per sempre.

Ciechi gli occhi dell'intelletto
Nella notte del mistero.

Meditazione sull'orizzonte

Dolcemente
Lo sguardo spiega lievi
Le sue ali
Abbracciando il grembo
Palpitante
Della natura,
come un velo
fluttuante inquieto
intorno al vago
sfuggente
profilo di un dio
misterioso.
Un punto esteso
Quanto l'universo,
questo sono io.

Come piume

Parole.
Ali del cuore
Troppo fragili
Per portare l'amore.
Si spezzano
E come piume
Le culla
La dolce brezza
E io le sto a guardare
Mentre danzano
Col sole e con la pioggia
Sempre tremanti
Contro il dolce impeto
Di un vento oscuro.

Inutile

Inutile
È il mio pianto
Di fronte al cristallo verde
Di rugiada sul prato,
al palpito del cuore
del mare,
al meraviglioso esibirsi
dell'invisibile Artista.
Inutile
Come il sonno del sasso
Che sta immobile nel fiume
Sordo
Al richiamo della corrente
Che gli lambisce i fianchi
Travolgendo tutte le creature
Verso la cascata.

Paesaggio urbano

Un cielo di marmo
Corona lo sguardo
Spento e malato
Dei tetti dei palazzi.
Rantola l'asfalto
Sferzato
Da piene di macchine
Suda sangue
Sospira
Tetre colonne
Di fumo.
Neri sputi
Ingiuriano
Il volto della pietra.
Lungo le sponde
Di un secco torrente
Di pece
Il canto dei rari
Alberi malati
È come un triste
Lamento di morte.
Primitivo
L'urlo
Della belva urbana
Morde l'aria esangue,
ammutolisce
il mormorio del vento
e degli uccelli.
Muore il sorriso
Del sole
Dietro uno stanco fumare
Di nuvole di piombo.
E quando il cielo
Cambiandosi d'abito
Indossa una collana

Di stelle
Quali perle
Ai lati di un ciondolo
D'avorio cangiante,
il riso falso
della luce specchiata
di vetrine traboccanti
di niente
calpesta sull'asfalto
il sottile velo
d'argento e neroavorio
della penombra della sera
che sempre orlò
il volto dell'amore
e delle fiabe
e sempre accolse
il silenzioso
intrepido
veleggiare dell'anima
come vento
per nessun dove.

27 dicembre '92

Sento nel cuore
Ancora quel bisogno
Che pulsa forte,
ma non riesce a esplodere.
Ancora in me
Il bisogno di ascolto
Di quel silenzio
Che stordisce i ricordi
Di inutili
Tormenti
Che assorbe
Tutte le parole vane
Che ancora si insinua
Tra gli angoli
Della mia cercata solitudine.
Una dolce nostalgia
Mi morde il cuore
E vorrei ascoltare ancora
La poesia più bella,
che nessun uomo
potrà mai recitare
e che sta scritta
sulla pagina dell'orizzonte
al di là delle città.
Ma freddo
È il bacio del ricordo
E già la malinconia
Stende un velo di lacrime
Sulle rovine del passato.

www.ingramcontent.com/pod-product-compliance
Lightning Source LLC
Chambersburg PA
CBHW030419100426
42812CB00028B/3021/J